Retrouve chaque mois Petit Ours Brun dans les magazines POPI et POMME D'API

www.petitoursbrun.com

ISBN : 9782747059190
Textes : Marie Aubinais et Hélène Serre
Illustrations : Danièle Bour
Couleurs : Danièle, Laura, Céline et Martin Bour
Direction artistique : Marianne Vilcoq
Maquette : Pascale Bigand-Gault
Dépôt légal : septembre 2015
Imprimé en Chine.
Loi 49-956 sur les publications destinées à la jeunesse

Marie Aubinais et Hélène Serre • Danièle, Laura, Céline et Martin Bour

Une année de petits bonheurs avec Petit Ours Brun

bayard jeunesse

À force de savourer les instants,
Petit Ours Brun accumule les petites joies.
Seul ou en compagnie, à la maison
ou au grand air, il prend le temps de vivre
intensément les expériences et évènements
qui jalonnent son quotidien, au fil des saisons.
Il donne ainsi toute leur mesure
aux émotions qui tissent les jours,
et particulièrement aux meilleures.
Il n'est pas improbable qu'il détienne en cela
un secret du bonheur…

Marie Aubinais, *auteure de Petit Ours Brun.*

Septembre

Petit Ours Brun va à l'école

Scénario et texte : Hélène Serre • Illustrations : Danièle Bour • Couleurs : Céline Bour-Chollet.

Aujourd'hui, c'est le jour de la rentrée !
Petit Ours Brun et sa maman sont très organisés.

Pour partir à l'école, Petit Ours Brun n'oublie rien.
Mais Maman dit : – Tu peux juste emporter Lutin.

Papa Ours dit : – Je vous accompagne !
Petit Ours Brun saute de joie : – Oui, on y va à trois !

Petit Ours Brun se sent grand.
Pour aller à l'école, il veut marcher tout seul.

Petit Ours Brun arrive devant l'école.
Maintenant, il veut bien donner la main.

Dans la cour, Petit Ours Brun regarde autour de lui.
Il s'inquiète : – Ils vont tous à l'école, eux aussi ?

La maîtresse lui dit : – Bonjour Petit Ours Brun.
Il dit : – Je viens avec Lutin, et moi, je suis grand !

Octobre
Petit Ours Brun et les trésors de la forêt

Scénario et texte : Hélène Serre • Illustrations : Danièle Bour.

Petit Ours Brun court dans la forêt. C'est l'automne.
Les feuilles volent. On dirait qu'un oiseau s'envole.

Petit Ours Brun ramasse les plus jolies feuilles.
Dans sa main, on dirait un arbre tout léger.

Petit Ours Brun trouve aussi plein de bâtons :
pistolet, épée… On dirait qu'il est un chevalier !

Petit Ours Brun décroche de la mousse toute douce
sur un tronc d'arbre couché. On dirait un pont.

Petit Ours Brun le traverse.
On dirait qu'il est un champion !

Petit Ours Brun découvre un champignon : – C'est une vesse de loup, dit Maman. Quel drôle de nom !

Petit Ours Brun écrase le champignon qui fume :
c'est magique. On dirait un volcan !

Novembre

Petit Ours Brun fait la cuisine

Scénario et texte : Hélène Serre • Illustrations : Danièle Bour.

Petit Ours Brun presse une orange.
Il plisse les yeux et dit : – Ça pique, les vitamines !

Petit Ours Brun découpe une pomme de terre.
Il dit : – Hé, hé, ça lui fait plein de bébés !

Petit Ours Brun ne veut pas laver la salade.
Il dit : – Beurk, il y a plein de petites bêtes !

Petit Ours Brun veut bien essorer la salade,
mais il faut deux bras costauds pour cela !

Petit Ours Brun prépare le gâteau au chocolat.
Bien sûr, c'est lui qui creuse le puits dans la farine.

Petit Ours Brun et son papa ont fini le gâteau.
Ils font une bataille de cuillères pour lécher le plat.

Petit Ours Brun aide à mettre le couvert.
Il dit : – Pour faire joli, on met une bougie ?

Les petits bonheurs de l'automne

Avoir un cartable
tout neuf

Faire un beau dessin

Apprendre plein de choses

Rencontrer sa maîtresse

Se retrouver sur le chemin de l'école

Tomber amoureux

Inviter un copain
à la maison

Chanter ensemble des comptines

Faire le foufou dans les feuilles

Courir dans le vent

Collectionner
des trésors

Avoir un parapluie

Sauter dans les flaques

Regarder des livres
tout seul

Promener ses jouets

Monter dans le chariot
des courses

Lire une histoire avec Papa

Décembre

Petit Ours Brun et le soir de Noël

Scénario et texte : Marie Aubinais • Illustrations : Danièle Bour.

Petit Ours Brun arrive chez Papi et Mamie.
C'est Noël, il va dormir ici cette nuit.

Il y a un sapin, des étoiles... et sa cousine !
Il est tout content. C'est vraiment Noël, ici !

Pour le repas, la décoration est très jolie.
Petit Ours Brun la voit, il le dit à sa mamie.

Pendant le dîner, il parle à Petite Ourse Rousse.
Il lui dit : – Le Père Noël, il le sait qu'on est ici !

Et puis il met ses chaussons devant le sapin.
Il demande : – Ils ne sont pas trop petits ?

Papa dit : – Mais non ! Au lit, maintenant !
Petit Ours Brun n'a pas très envie de dormir. Mais…

... il sait que le Père Noël passe quand on dort.
Alors il dit : – Vite, je dors pour être à demain !

Janvier

Petit Ours Brun et le bonhomme de neige

Scénario et texte : Marie Aubinais • Illustrations : Danièle Bour • Couleurs : Laura Bour.

Il a neigé ! Petit Ours Brun est tout content.
Il marche seulement là où c'est tout blanc.

Papa lui dit : – On fait un bonhomme de neige ?
Petit Ours Brun s'écrie : – Oh oui ! Un énorme !

Papa fait rouler une boule qui grossit, grossit...
Petit Ours Brun en fait une aussi, mais plus petite.

Papa pose la petite sur la grosse, ajoute de la neige.
Petit Ours Brun voudrait que le bonhomme soit fini.

Petit Ours Brun dit à Maman : – Tu as vu, il est gros !
– Bravo ! dit Maman. Et elle lui met des yeux.

Petit Ours Brun prend la carotte. Maman l'aide à la planter. Petit Ours Brun est fier d'y arriver !

Papa installe deux bras et même un parapluie.
Petit Ours rit : – Tu es bien à l'abri, toi, s'il neige !

Février

Petit Ours Brun se déguise

Scénario et texte : Marie Aubinais • Illustrations : Danièle Bour.

Petit Ours Brun arrive chez Petite Ourse Rousse.
Pour dire bonjour, il met son épée sur le cœur.

Puis il pointe son épée vers Maman Ourse Rousse
qui s'écrie : – Oh, là là ! J'ai peur !

Petit Ours Brun la rassure : – T'inquiète pas,
je n'attaque que les méchants voleurs !

Petite Ourse Rousse a aussi son épée. Elle dit :
– En garde ! Alors, ils sont où ces affreux voleurs ?

Petit Ours Brun répond : – On va les trouver !
Tiens, je les vois, là-bas, près du radiateur !

Ils s'écrient : – À l'attaque ! À l'attaque !
Prenez ça, espèces de… gros choux-fleurs !

À la fin, Petit Ours Brun crie : – On a gagné !
Petite Ourse Rousse dit : – On est les meilleurs !

Les petits bonheurs de l'hiver

Choisir son sapin et le décorer

Avoir plein
de cadeaux

Regarder
les vitrines
de Noël

Faire la fête pour le Nouvel An

Être le roi

Glisser sur une luge

Goûter une glace à rien

Faire une bataille de boules de neige

Skier avec son papa

Être bien dans sa maison

Faire des puzzles

Regarder les photos
de quand on était petit

Préparer le dîner
pour les peluches

Être un musicien

Jouer dans son bain

Aller chez le médecin

Boire un bol de lait chaud

Être dans son lit
comme dans un petit nid

Mars

Petit Ours Brun joue dans les flaques

Scénario et texte : Marie Aubinais • Illustrations : Danièle Bour.

Il pleut. Petit Ours Brun marche avec sa maman.
Il lâche sa main doucement.

Il cherche à passer dans les flaques.

 Il voudrait en trouver une grande… comme un lac !

Ah ! En voilà une très grande ! Il se précipite.
Et il fait glisser ses pieds dedans, il en profite.

Il fait *fllloup ! fllloup ! fllloup !*
Il dit : – Humm, la bonne sou-soupe !

Et puis il commence à sauter, une fois, deux fois,
et puis sans s'arrêter. Ça éclabousse, il adore ça !

Maman arrive : – Mais ça ne va pas la tête ?
Tu vas être trempé, tu veux être malade peut-être ?

Puis elle se radoucit : – Ah toi, quand tu barbottes…
Petit Ours pense : – Ouah, elles brillent, mes bottes !

Avril

Petit Ours Brun à la ferme

Scénario et texte : Hélène Serre • Illustrations : Danièle Bour.

Petit Ours Brun arrive à la ferme de ses cousins.
Il y est allé quand il était petit, il se souvient bien.

Près du hangar, son cousin arrive aussi...
Il conduit le tracteur : Petit Ours Brun est ébloui !

Dans la cour, les volailles piaillent de tous côtés.
Sa tante rit : – Quel concert pour ton arrivée !

Petit Ours Brun court vers le clapier des lapins.
Il dit : – Coucou, c'est moi, vous me reconnaissez ?

Ici, c'est la porcherie. Il n'y a pas un bruit.
Petit Ours dit : – Hé, les cochons, c'est pas la nuit !

Oh, à l'écurie, Petit Ours Brun découvre un poney !
Son oncle dit : – Si tu veux, tu pourras le monter.

Voilà les vaches ! Petit Ours Brun n'est pas très rassuré.
Il dit : – Euh… Moi, je vais aller goûter !

Mai

Petit Ours Brun aime sa maman

Scénario et texte : Marie Aubinais • Illustrations : Danièle Bour • Couleur : Céline Bour-Chollet.

Petit Ours Brun aime bien marcher
avec sa maman, ils parlent tous les deux.

Petit Ours Brun aime bien aider sa maman
au jardin. Elle dit : – Merci, mon grand !

Petit Ours Brun aime bien qu'elle porte
le collier qu'il lui a fait. Elle est belle avec !

Petit Ours Brun aime bien qu'ils jouent
tous les deux. Elle lui dit : – Bravo, Petit Ours !

Petit Ours Brun aime bien lire
sur les genoux de sa maman. Elle est avec lui.

Petit Ours Brun aime bien poser sa tête
contre elle, il entend sa voix, au-dedans.

Petit Ours Brun aime quand sa maman
lui fait un bisou, le soir, ça lui fait du bien !

Les petits bonheurs du printemps

Pédaler comme un grand

Se balancer jusqu'au ciel

Faire de la trottinette

Avoir un joli ballon

Monter sur un poney

Donner le grain aux poules

Trouver un escargot

Faire s'envoler les oiseaux

Faire un tour de manège

Partir en promenade

Faire de l'escalade au square

Aller au marché

Cueillir des fleurs

Chercher les oeufs

Faire une bataille de chatouilles

Grimper dans les arbres

Juin

Petit Ours Brun et ses rollers

Scénario et texte : Marie Aubinais • Illustrations : Danièle Bour • Couleur : Céline Bour-Chollet.

Petit Ours Brun a des rollers
qui ont plein de roulettes en dessous !

Petit Ours Brun sait les mettre tout seul.
Scratch ! Il y arrive du premier coup.

Petit Ours Brun essaie de se relever.
Mais ça, ce n'est pas facile du tout !

Petit Ours Brun sent que ça roule sous ses pieds.
Alors il s'accroche à son papa.

Petit Ours Brun avance en levant haut
les pieds. On l'entend bien quand il marche !

Mais tout à coup, Petit Ours Brun se met à rouler... Et ça dure un peu longtemps.

Petit Ours Brun s'écrie :
– Papa, Papa, je sais en faire !

Juillet

Petit Ours Brun va chez Papi et Mamie

Scénario et texte : Marie Aubinais • Illustrations : Danièle Bour.

Petit Ours Brun arrive chez Papi et Mamie,
avec sa valise et son doudou, il va dormir ici.

Il voulait passer plusieurs jours chez eux.
Mais là, il pense que repartir, c'est mieux.

Maman Ours dit : – Tu vas voir, tu vas t'amuser,
tu vas dormir trois fois, et je reviens te chercher.

Petit Ours Brun se dit tout d'un coup
qu'il n'a plus envie de rester du tout.

Maman dit au revoir en faisant un gros bisou,
mais Petit Ours Brun ne veut plus lâcher son cou.

Mamie s'éloigne pendant ce temps-là, et elle dit :
– Et les poules, qui vient les nourrir avec moi ?

Petit Ours Brun crie : – Mamie, attends-moi,
je veux bien y aller, moi, j'adore ça !

Août

Petit Ours Brun fait un château de sable

Scénario et texte : Marie Aubinais • Illustrations : Danièle Bour.

Petit Ours Brun voulait faire un beau pâté,
mais il est déçu, c'est complètement raté.

Son papa lui dit : – Avec du sable mouillé,
ça marcherait mieux ! Viens, on va essayer !

Petit Ours Brun s'écrie : – On fait un château ?
Son papa est d'accord. Il dit : – Allez, au boulot !

Ouah ! La belle tour, on dirait un gâteau !
Tout content, Petit Ours Brun l'écrase aussitôt.

Papa Ours s'écrie : – Hé, monsieur Bulldozer !
Si tu veux un château, il faut m'aider à le faire !

Voilà ! Petit Ours Brun entre dans son château.
Mais la mer arrive. – Plus haut, Papa, plus haut !

La mer a gagné ! Petit Ours Brun se met à crier :
– Ah ah, maintenant, je peux tout écrabouiller !

Les petits bonheurs de l'été

Faire sa valise

Avoir une casquette
toute neuve

Partir en vacances

Retrouver ses grands-parents

Jardiner avec Papi

Cueillir des fraises

Se promener en brouette

Jouer avec le jet d'eau

Avoir un arrosoir

Naviguer

Flotter sur
une grosse bouée

Avoir un
pistolet à eau

Trouver un coquillage

Partir à la pêche

Manger une glace

Avoir un transat
à sa taille

Faire une cabane

Marcher dans la montagn

Regarder les étoiles

Sommaire

Automne

Printemps

Hiver

Été

Retrouve tout l'univers de

Les livres sonores

Les livres à toucher

Les autocollants

Petit Ours Brun en librairie !

Les livres animés

Les « lis avec moi »

Petit Ours Brun est chaque mois dans POPI et POMME D'API !